INVENTAIRE
V31786

LE GUIDE
DE L'EMPRUNTEUR

ou

CE QUE C'EST

QUE

LE CRÉDIT FONCIER

Par M. Louis Bellet,

AUTEUR DU CODE DE LA FAMILLE, DU CODE-MANUEL DES OUVRIERS,
DU PROPAGATEUR DES ASSURANCES CONTRE L'INCENDIE, ETC.

Troisième édition.

PARIS

CHEZ L'AUTEUR,
RUE NOTRE-DAME-DES-VICTOIRES, 40,
Place de la Bourse,
Et tous les Libraires de Paris et des départements.

1854

V

LE GUIDE
L'EMPRUNTEUR

ou

CE QUE C'EST

QUE

LE CRÉDIT FONCIER

LE GUIDE
DE L'EMPRUNTEUR

ou

CE QUE C'EST

que

LE CRÉDIT FONCIER

Par M. Louis Bellet,

AUTEUR DU CODE DE LA FAMILLE, DU CODE-MANUEL DES OUVRIERS,
DU PROPAGATEUR DES ASSURANCES CONTRE L'INCENDIE, ETC.

Troisième édition.

PARIS.

CHEZ L'AUTEUR

RUE NOTRE-DAME-DES-VICTOIRES, 40,

Place de la Bourse,

Et chez tous les Libraires de Paris et des Départements.

1854

AU LECTEUR.

(PRÉFACE DE LA PREMIÈRE ÉDITION.)

Il ne faut pas croire que les Institutions nouvelles, si favorables qu'elles soient d'ailleurs pour les intérêts généraux de la Société, entrent promptement dans les mœurs et qu'elles soient facilement acceptées. Avant d'être appliquées, il est important que ces Institutions soient comprises et qu'elles aient parlé à notre intelligence avant de répondre à nos besoins.

Les *Assurances* et les *Caisses d'épargne*, l'expérience l'a suffisamment prouvé, devaient être fécondes en heureux résultats; et cependant, pour qu'elles obtinssent la confiance publique, il a fallu que, pendant longtemps, leurs combinaisons fussent exposées et mises en lumière; que leur mécanisme fût expliqué.

Le *Crédit foncier* ne saurait échapper à cette loi commune ; car, de l'aveu même des hommes qui ont le plus contribué, par leurs travaux, à doter notre pays de cette importante création, aucune question n'est moins connue dans ses éléments que celle du *Crédit foncier*. Veut-on que cette Institution porte tous ses fruits? Veut-on qu'elle exerce son influence sur le bien-être privé et sur l'accroissement de la fortune publique? Il est nécessaire alors d'en préciser le but, d'en faire apprécier les avantages. Cette nécessité est d'autant plus grande, que le *Crédit foncier* touche à des intérêts plus nombreux, aux intérêts de tous les propriétaires du sol en France, sans en excepter l'humble possesseur de quelques arpents de terre. Il faut donc que chacun d'eux sache *ce que c'est que le Crédit foncier;* il faut que chacun d'eux connaisse, avec la nature de ses opérations, l'étendue des services que cette Institution est appelée à rendre à la propriété.

Le *Crédit foncier*, comme toute vérité une fois lancée dans le monde, fera son chemin, nous n'en saurions douter; mais aussi, comme toute vérité, il rencontrera sur sa route l'incrédulité, les préventions et l'ignorance. Nous serions heureux si nous pouvions, pour notre part, contribuer à affranchir le *Crédit foncier* de ces obstacles, et à rendre plus facile l'accomplissement de sa mission, en ralliant à lui, après les avoir éclairés et convaincus, les esprits qui ignorent ou qui doutent.

Juin 1853.

CHAPITRE PREMIER.

DÉFINITIONS.

Le *Crédit*, dans le sens général de ce mot, est la possibilité, pour une personne qui n'a pas d'argent, de faire usage de l'argent d'autrui en échange de certaines garanties qu'elle peut offrir.

Une Société qui prête ainsi les capitaux dont elle dispose contre les garanties qui lui sont offertes, est une *Société de Crédit*.

Si la garantie, donnée pour inspirer confiance aux capitaux, repose sur le sol, sur le fonds de la terre, sur les constructions qui le couvrent, la Société s'appelle *Société de Crédit foncier* (1).

Le *Crédit foncier de France*, créé et autorisé par Décrets des 28 mars, 30 juillet, 10 décembre 1852 et 24 décembre 1853, est une Société de cette nature.

---

(1) Une *Société de Crédit* qui reçoit au contraire pour gages, et à titre de garantie, des contrats de rente, des actions, des obligations, des valeurs industrielles, est une *Société de Crédit mobilier*, parce que ces valeurs, obligations ou actions sont réputées *meubles* par la détermination de la loi.

Les Sociétés de *Crédit foncier* ont pour objet de donner aux propriétaires d'immeubles (fonds de terre de toute nature, maisons, bâtiments, etc.) qui veulent emprunter de l'argent sur *hypothèque* (1), c'est-à-dire affecter leurs propriétés à la garantie de l'emprunt qu'ils font, les moyens de se libérer du capital qui leur est prêté et des intérêts de ce capital, en payant annuellement pendant une période d'années, plus ou moins longue, une somme d'argent qui prend le titre d'*annuité*.

Avant d'indiquer les avantages que présente l'institution du *Crédit foncier* et dont plus de dix millions de propriétaires, en France, sont désormais appelés à jouir, nous devons dire, dès à présent, que cette Institution a pour elle l'autorité de l'expérience.

« Le succès des institutions de *Crédit foncier* en Allemagne doit contribuer à les introduire dans notre pays sous d'heureux auspices. Si nous redoutons les applications téméraires de procédés nouveaux, nous adoptons assez volontiers ce que d'au-

(1) L'hypothèque est un droit réel sur les immeubles affectés à l'acquittement d'une obligation. (*Code Napoléon*, article 114.)

tres peuples ont essayé et admis. Le patronage des Anglais et des Américains a cautionné près de nous les chemins de fer ; la gravité germanique cautionne aujourd'hui le *Crédit foncier*, qu'elle expérimente depuis quatre-vingts ans ; qu'elle a étendu à toutes les parties de l'Allemagne, à ses royaumes, à ses principautés ; qui prospère à nos portes, en Bavière, et qui n'a vraiment besoin, pour devenir français, que de franchir la frontière du Nord ou de passer le Rhin (1). »

Or, nous sommes aujourd'hui en possession du *Crédit foncier*, et il méritera sa prompte naturalisation sur notre sol par les bienfaits dont la France lui sera redevable.

Cette Institution viendra en aide à la propriété, écrasée de plus en plus sous le poids des charges qui la grèvent ; elle l'affranchira d'une partie de ces charges.

Cette Institution permettra aux propriétaires, qui ont emprunté sur leurs immeubles, de convertir la dette qu'ils ont contractée et qu'ils doivent rembourser en capital, après avoir payé de gros intérêts,

---

(1) M. F. de Villefosse : *Études sur le Crédit foncier*.

en une autre dette, mais remboursable à longs termes, et par de faibles annuités comprenant les intérêts et le capital.

Un très-grand nombre de propriétaires ne sont aujourd'hui propriétaires que *de nom;* leur propriété, qu'ils ont engagée, appartient plus en réalité à leurs créanciers qu'à eux-mêmes. Le *Crédit foncier* les rendra propriétaires *de fait*, en les mettant à même de se libérer de ce qu'ils doivent et de reconquérir ainsi, celui-ci sa maison, celui-là son champ.

Enfin, le *Crédit foncier*, et c'est là le point important, fournira au sol les capitaux nécessaires pour son amélioration ; il ouvrira pour l'habitant des campagnes, dévoré par l'usure, la source d'un crédit régulier, en mettant, autant que possible, l'intérêt de l'argent en rapport avec le revenu de la terre.

Il faut bien le dire : tandis que l'industrie attire à elle, par d'ingénieuses combinaisons, des capitaux sans cesse renaissants, l'agriculture est délaissée. Vainement la science agricole proclamera ses progrès; vainement elle enseignera de nouveaux procédés d'engrais, d'irrigation ; vainement elle recommandera l'emploi d'instruments aratoires plus perfectionnés, plus économiques : la pénurie des capitaux ou le haut prix auquel on vend l'argent à l'habitant des campagnes opposent à ces progrès et à ces améliorations, si désirables qu'ils soient, un obstacle insurmontable.

Ce ne sera pas un des moindres avantages du *Crédit foncier* que de fournir à la culture l'usage des capitaux qui lui sont nécessaires pour que la terre, largement fécondée par le cultivateur, donne, Dieu et le soleil aidant, toutes les richesses qu'elle peut produire.

Grâce au *Crédit foncier*, le travailleur qui n'a pas de patrimoine peut acquérir une terre double en valeur de la somme dont il disposera et payer le surplus au moyen d'économies forcées qui font de cette Institution une véritable Caisse d'épargne de la propriété territoriale. Le propriétaire peut aussi établir ses enfants ou les libérer du service militaire en contractant un emprunt qu'il remboursera successivement.

Pour faire apprécier l'étendue et l'importance des services que le *Crédit foncier* doit rendre au pays, il convient d'examiner dans quelle condition se trouve aujourd'hui l'*emprunteur* sur hypothèque, contractant sa dette vis-à-vis d'un *prêteur*. Nous montrerons plus tard cet *emprunteur* demandant à la Société du *Crédit foncier de France* l'argent qu'il désire obtenir.

Les deux modes d'emprunt se trouveront ainsi en présence, et nos lecteurs pourront se prononcer en connaissance de cause.

CHAPITRE II.

A QUELLES CONDITIONS ON EMPRUNTE AUJOURD'HUI SUR HYPOTHÈQUE.

Si nous disons que huit milliards de francs, d'après les calculs les plus généralement admis, ont été empruntés en France sur hypothèque ;

Si nous ajoutons :

Que les propriétaires emprunteurs paient en moyenne (1) un intérêt annuel de sept

---

(1) Les Conseils généraux ayant été consultés, en 1845, sur la question de savoir quel était le taux de l'intérêt dans leurs départements, 61 ont répondu : 17 l'ont évalué à 6 ou 7 0/0 ; 12

pour cent au moins du capital emprunté ;

Qu'un grand nombre d'entre eux parviennent difficilement à payer ces intérêts ;

Qu'un nombre plus considérable encore de ces propriétaires sont dans l'impossibilité absolue de rembourser, à l'échéance du prêt, le capital emprunté ;

On comprendra le mal profond qui pèse sur la propriété et tout le bien que le *Crédit foncier* peut faire, s'il remédie, par ses combinaisons, à un semblable mal.

Avant de faire toucher du doigt, en quelque sorte, et par un exemple, les *conditions actuelles* d'un emprunt sur hypothèque, nous devons faire observer que ces emprunts sont faits pour une période de temps souvent inférieure à cinq années ; mais, en général, ne dépassant pas ce délai.

EXEMPLE.

Durand veut emprunter 3,000 fr. sur hypothèque. Il est mis en relation avec Dubois,

de 7 à 10 0/0 ; d'autres ont varié entre 12 et 22 0/0 ; 57 ont déclaré qu'il dépassait toujours 5 0/0. Nous croyons donc être au-dessous de la vérité en ramenant à SEPT POUR CENT la *moyenne* de l'intérêt.

qui consent à lui prêter cette somme pour cinq années ; mais il exige un intérêt de sept pour cent par an. Toutefois, comme une loi de 1807 a fixé le taux de l'intérêt à cinq pour cent, en matière civile, d'une manière absolue, et comme l'acte ne peut mentionner que cet intérêt légal, Dubois retient pour différence d'intérêt deux pour cent par an, soit, pour les cinq années, 300 fr.; et lorsque les formalités sont remplies, il ne remet à Durand que 2,700 fr. Celui-ci n'en paiera pas moins l'intérêt sur 3,000 f.! Durand supporte, en outre, les frais, qui, pour un prêt de cette somme, peuvent être évalués à trois pour cent environ, c'est-à-dire à près de 90 fr. — L'emprunt est consommé.

Au bout de cinq années, Durand ne peut pas rembourser le capital. Dubois, de son côté, ne consent pas à prolonger le délai qu'il avait accordé ; il veut, en un mot, rentrer dans son argent. Un autre prêteur prend sa place. Durand n'a pas changé de position ; il a changé seulement de créancier ; et il a dû payer, pour le contrat nouveau qui est intervenu, de nouveaux frais, augmentés encore d'un droit de quittance, ce qui porte ces frais à plus de 100 fr. Il a dû subir, de plus, une nouvelle retenue de 300 fr. sur le montant du prêt, pour différence d'intérêt.

Durand, cinq ans plus tard, se trouvera peut-être dans la même situation. Ses ressources n'auront pas répondu à ses espérances; il ne pourra pas restituer le capital à l'échéance convenue. De là, intervention obligée d'un nouveau prêteur ; nouvel acte, nouvelle retenue, nouveaux frais.

Qu'un troisième renouvellement devienne encore nécessaire, et il se trouvera que Durand aura payé au bout de vingt ans :

En intérêts....................	3,000 fr.
En frais......................	400
En retenues successives sur le capital	1,200
Ensemble..........	4,600 fr.

Et il DEVRA ENCORE les mille écus empruntés.

En contractant avec le *Crédit foncier de France* un emprunt de 3,000 fr. pour vingt ans, Durand aurait à payer :

Pour frais de contrat, environ.....	100 fr.
Pour vingt annuités.............	4,945 (1)
	5,045 fr.

Il ne lui en coûterait donc, pour s'acquitter de son emprunt, en CAPITAL, intérêts et frais que 5,045 fr.; tandis que, par la voie de l'emprunt ordinaire, il aura payé en vingt ans 4,600 fr., en restant toujours DÉBITEUR du CAPITAL prêté.

Cette condition de l'emprunteur n'est-elle pas déplorable ? Et qu'arrive-t-il, lorsque le débiteur du capital ne peut ni renouveler son emprunt, ni rembourser, à défaut d'un autre prêteur qui remplace le premier ? Il est dépossédé de sa propriété, que fait ven-

---

(1) En nombres ronds. En réalité, 5,045 fr. 22 c. et une fraction.

dre un créancier, peut-être rigoureux, mais, après tout, usant de son droit. Pouvait-il en être autrement ? Ce débiteur subit fatalement son sort. Il était pris dans cet engrenage légal qu'on appelle *l'emprunt hypothécaire;* il devait y laisser sa propriété.

Non-seulement le *Crédit foncier* fera cesser pour tous les emprunteurs sur hypothèque, en général, les causes de gêne et de ruine sous lesquelles ils se débattent aujourd'hui ; mais encore il protégera, particulièrement, les habitants des campagnes contre le danger dont les menace une manœuvre bien connue des usuriers et qui ne les enrichit que trop souvent des dépouilles du cultivateur.

EXEMPLE.

Jean emprunte 4,000 fr. à Paul, qui se fait souscrire des billets pour le paiement de la somme prêtée et des intérêts. Jean se trouve dans l'impossibilité de tenir ses engagements ; il est alors à la discrétion de Paul, son créancier, qui peut le poursuivre, saisir ses biens et les faire vendre. Mais Paul se montre débonnaire ; il consent à ne pas user de son droit, à la condition que Jean lui vendra, en échange de la somme qu'il a reçue, un corps de ferme, par exemple. Toutefois, il est bien convenu que si, dans l'espace de cinq ans, Jean rembourse ce qu'il doit en *capital, intérêts et frais*, il redeviendra propriétaire du bien vendu. Vendre ainsi, c'est ce que la loi appelle vendre à *réméré* ou avec faculté de rachat.

Jean, qui ne veut pas être dépouillé de ce qu'il vend et qui espère qu'une situation plus heureuse lui permettra, dans un délai de cinq années, de se libérer, signe l'acte qui lui est demandé. On peut dire, presque à coup sûr, qu'il est tombé dans un piège; car si, à l'expiration des cinq ans, terme auquel la loi limite la possibilité de *racheter*, Jean n'a pu rembourser Paul, il est irrévocablement dépouillé d'une propriété pour laquelle il n'a reçu qu'une valeur sans doute insuffisante.

Nous ne saurions trop le répéter : ces transactions donnent aux prêteurs de mauvaise foi la faculté de déposséder à vil prix un emprunteur gêné, et hors d'état de résister à leurs exigences injustes (1).

---

(1) « On ne saurait trop recommander aux notaires, toutes les fois qu'ils ont quelques motifs de soupçonner des intentions frauduleuses, de refuser leur ministère à de semblables transactions, ou de ne le prêter du moins qu'après avoir bien fait comprendre au vendeur à quel danger il s'expose. »

M. Chabrol de Chaméane : *Dictionnaire de législation usuelle*.

Il est d'autant plus important que le *Crédit foncier* réforme le mode d'emprunt sur hypothèque, tel qu'il existe aujourd'hui, que, par la force même des choses, plusieurs causes s'opposeraient, du moins pour longtemps encore, à ce que les propriétaires pussent emprunter à des conditions favorables et obtenir l'argent à bon marché.

Ces causes proviennent, d'une part, de certaines habitudes qui sont entrées dans nos mœurs; d'une autre part, des dispositions mêmes de la loi qui, laissant en réalité le prêteur moins protégé, le rendent plus craintif et, dès lors, plus âpre au gain.

On ne peut nier que si l'emprunteur sur hypothèque se trouve, le plus souvent, dans l'impossibilité de rembourser le capital emprunté, à l'expiration du terme fixé, c'est que ce terme est toujours trop rapproché. Les prêts sont faits pour cinq ans au plus, parfois même pour trois années. Dira-t-on que le prêteur ne veut pas s'engager pour une plus longue période? Cette objection peut être vraie; cependant elle n'est pas la cause déterminante de la brièveté des prêts. C'est l'emprunteur lui-même qui s'emprisonne dans un trop court délai. De dangereuses illusions le portent à croire que, dans cinq ans, il aura reconstitué dans sa main le capital qu'il emprunte, en dehors des intérêts qu'il paie, et qu'il pourra rembourser son créancier. Il lui tarde d'affranchir sa propriété de l'état de servitude dans laquelle il l'a placée ; puis les événements trompent presque toujours ses prévisions ; et nous l'avons vu, au bout de cinq ans, trop heureux de s'enchaîner pour quelques autres années.

Sous ce rapport, c'est l'emprunteur qui aggrave sa position ; mais les emprunts à courte échéance résultent de l'usage, des habitudes.

Nos mœurs concourent ainsi à rendre les emprunts par hypothèque désastreux pour ceux qui les contractent.

Quant à la loi, elle est loin d'être favorable à l'emprunteur, car elle rend le prêteur plus exigeant à son égard.

Si le prêteur sait, en effet, qu'il pourra faire saisir et vendre la propriété sur laquelle, suivant les mots consacrés, il *a pris hypothèque*, au cas où son débiteur n'acquitterait pas les intérêts qu'il s'est engagé à servir, ou ne rembourserait pas le capital prêté, à l'expiration du terme fixé pour le prêt ; il n'ignore pas que les poursuites qu'il exercerait alors se traduiraient pour lui en démarches, en avances d'argent pour les frais, et qu'elles soulèveraient contre lui des animosités quelquefois périlleuses. Il calcule, en outre, que, la loi prescrivant, dans les procès de cette nature, l'observation de formalités nombreuses et très-lentes à s'accomplir, un long délai s'écoulera avant qu'il puisse rentrer dans le capital qu'il a prêté, dans les intérêts qui pourraient lui être dus.

Mais ce n'est pas tout. De nouvelles craintes viennent se joindre, dans l'esprit du prêteur, à ces premières appréhensions.

Est-il toujours certain que *le bien* sur lequel sa créance repose soit pour lui une garantie suffisante? Voit-il toujours clair dans les affaires de son emprunteur? Ne peut-il pas arriver, si, par exemple, cet emprunteur est marié, que la propriété, donnée pour gage, réponde déjà de la dot d'une femme, des créances que celle-ci peut avoir sur son mari? Et, comme cette *hypothèque* que la femme a sur les biens de son mari est créée par la loi elle-même, sans qu'elle ait besoin de se révéler par un acte apparent, si bien qu'on la nomme hypothèque *occulte*, c'est-à-dire *cachée* ; on conçoit que le prêteur ne sache jamais à quoi s'en tenir sur l'étendue des droits de la femme de l'emprunteur ; et, cependant, la créance de cette femme, venant en première ligne, passerait et serait remboursée avant la sienne !

La propriété qui forme, ou qui doit former, du moins, la garantie du prêteur, peut répondre d'ailleurs d'autres droits également *cachés*, mais plus difficiles encore à connaître.

Ainsi, pour ne citer qu'un fait, l'emprunteur peut être chargé de la tutelle d'un mineur ou d'un interdit, et ceux-ci ont sur les biens de leur tuteur une *hypothèque* qui, comme celle de la femme, résulte directement et immédiatement de la loi. Le prêteur saura, à la rigueur, si l'emprunteur est marié. Mais ne pourra-t-il pas ignorer si cet emprunteur est investi d'une tutelle ; et si, un jour, on ne lui opposera pas, à lui prêteur, les droits d'un interdit ou d'un mineur ?

Voilà, de leur côté, comment les lois font obstacle à ce que les propriétaires obtiennent des capitaux à bon compte ; car, ainsi qu'on l'a dit avec raison : « Le prêteur, en effet, n'a qu'une chose à faire s'il veut prêter ; c'est de demander d'autant plus à la bourse de l'emprunteur, qu'il a moins de garanties dans la législation (1). » Il faut qu'il trouve dans les intérêts élevés qu'il exige non-seulement l'intérêt du capital qu'il livre, mais encore une compensation des chances auxquelles il s'expose.

Hâtons-nous de voir le *Crédit foncier* ouvrant pour les emprunteurs sur hypothèque une voie nouvelle, débarrassée des écueils et des périls que nous venons de signaler.

CHAPITRE III.

SITUATION DE L'EMPRUNTEUR S'ADRESSANT AU CRÉDIT FONCIER.

La Société du *Crédit foncier de France* est autorisée à *prêter* les capitaux dont elle dispose, suivant un mode que nous ferons connaître, avec quelques exemples à l'appui, dans un autre Chapitre. Nous ne voulons, pour le moment, que mettre en relief

1. M. de Villefosse : *Études sur le Crédit foncier*

l ensemble du système qui sert de base au *Crédit foncier*.

Le *Crédit foncier* PRÊTE à la condition que l'EMPRUNTEUR lui paiera, pendant un temps déterminé, de 20 à 50 années, une *annuité* qui comprend :

1° Une somme pour l'intérêt de l'argent; le *Crédit foncier* devant payer, de son côté, l'intérêt des capitaux qu'il se procure pour ses opérations;

2° Une somme pour les frais d'administration ; une Société de *Crédit foncier* ayant à pourvoir aux frais de ses Bureaux, Directions, Inspections, Agences, etc.;

3° Une somme pour l'*amortissement* du capital prêté ; c'est-à-dire pour que, pendant la durée du prêt, ce capital se reforme, se reconstitue, afin d'être rendu à ceux qui en ont fait l'avance à la Société de *Crédit foncier*.

Comme cette combinaison est la clef de voûte du *Crédit foncier*, nous chercherons ici à en faciliter l'intelligence pour nos lecteurs.

On a reconnu que, si l'on place, chaque année, une certaine somme, et que si, au lieu de dépenser les intérêts produits par ces placements successifs, on replace constamment ces intérêts et les intérêts de ces intérêts, on crée très-rapidement un capital considérable, relativement aux versements effectués.

C'est ainsi que le versement annuel d'une somme d'*un franc* dans une Caisse d'épargne, où l'argent est placé au taux de 4 0/0 à intérêt composé, aura produit au bout de 50 ans un capital de 158 fr. 78 c., quoique l'on n'ait versé que cinquante fois 1 fr.

Moyennant 50 fr. versés de cette manière, on pourra donc éteindre en 50 ans une dette de 158 fr.

Telle est l'opération appelée dans le langage financier *amortissement*. Il est bien évident, et cette remarque trouvera plus tard son application, qu'il est nécessaire d'employer annuellement, pour l'*amortissement* d'un capital quelconque, une somme d'autant plus élevée, qu'on désire recréer ce capital dans un moins grand nombre d'années.

La Caisse du *Crédit foncier* est, sous un rapport, une vraie Caisse d'épargne, où une portion de l'annuité, payée par l'emprunteur, est placée à intérêt composé, de manière à servir, avec tous les avantages de ce mode de placement, au remboursement du capital emprunté.

Il résulte de ce rapide exposé, que le *Crédit foncier*, plus prévoyant que les emprunteurs, les place dans une situation évidemment meilleure que celle qu'ils ont aujourd'hui en partage.

A des prêts contractés pour un délai toujours trop court, comparé à l'obligation de restituer le capital à l'expiration de ce délai, le *Crédit foncier* substitue des prêts à longs termes.

A l'impossibilité presque absolue pour le débiteur de rembourser, en bloc, la somme empruntée à l'époque convenue, le *Crédit foncier* fait succéder pour lui un mode de libération qui n'exige de sa part que l'exécution régulière d'un faible et insensible engagement.

C'est ainsi que, dans un avenir prochain, nous devrons au *Crédit foncier* des propriétaires empruntant avec confiance, parce qu'ils auront la certitude d'acquitter leur dette.

L'obscurité qui environnait le prêteur

quant à la valeur de la garantie qui lui était offerte, l'incertitude forcée où il restait relativement à l'existence et au chiffre des hypothèques *occultes* disparaissent pour le *Crédit foncier*, qui trouve dans la loi le moyen infaillible de connaître la situation légale de l'emprunteur.

La même loi abrége pour la Société du *Crédit foncier*, en cas d'inexécution des engagements du débiteur, les formalités de saisie du *bien* hypothéqué, formalités qui se traduisaient autrefois pour le prêteur en frais onéreux, et en lenteurs interminables.

C'est grâce aux conditions nouvelles que la loi fait ainsi à la Société du *Crédit foncier*, remplissant l'office de prêteur, qu'il lui est possible de n'exiger, pour les capitaux qu'elle avance, qu'un salaire modéré.

CHAPITRE IV.

DU MODE D'APRÈS LEQUEL ON EMPRUNTE AU CRÉDIT FONCIER DE FRANCE.

La Société du *Crédit foncier de France* prête.

pour une période de temps de vingt à cinquante années, moyennant le paiement, par l'emprunteur, d'une annuité qui se compose de deux éléments *invariables* :

1° L'intérêt à 4 fr. 51 c. pour 100 fr. ;

2° Une allocation, pour frais d'administration, fixée à 60 c. (en réalité : 59 c. et une fraction) ;

Et d'un élément *variable;* nous voulons parler de la portion de l'annuité affectée à éteindre la dette pendant le nombre d'années fixé pour la durée du prêt, au moyen de l'*amortissement* dont nous avons fait connaître les précieuses ressources (1).

(1) Voir Chap. III, page 24.

Voici le Tableau des *annuités*, payables par moitié et par semestre, que l'emprunteur doit acquitter, pour chaque somme de CENT FRANCS empruntés et pendant la durée du prêt.

DURÉE du PRÊT.	MONTANT de L'ANNUITÉ.	DURÉE du PRÊT.	MONTANT de L'ANNUITÉ.
	fr. (1)		fr.
20 ans.	8 24203862	36 ans.	6 24297340
21 —	8 01734930	37 —	6 18180932
22 —	7 81448550	38 —	6 12454112
23 —	7 63058948	39 —	6 07085956
24 —	7 46327390	40 —	6 02048646
25 —	7 31054208	41 —	5 97317080
26 —	7 17069784	42 —	5 92868534
27 —	7 04230092	43 —	5 88682412
28 —	6 92411224	44 —	5 84739946
29 —	6 81506594	45 —	5 81024090
30 —	6 71423758	46 —	5 77519184
31 —	6 62082096	47 —	5 74211020
32 —	6 53411100	48 —	5 71086466
33 —	6 45848880	49 —	5 68133520
34 —	6 37840488	50 —	5 65000000
35 —	6 30837712		

(1) C'est-à-dire, pour 100 fr.   8 fr. 24 c. et une fraction.
    —   1,000   82   42   —
    —   10,000   824   20   —
    —   100,000   8,242   03   —

EXEMPLE.

Un propriétaire emprunte 5,000 fr. pour cinquante ans, par exemple ; il s'engage à payer (en dehors des frais pour le contrat de prêt, frais dont nous parlerons plus tard), et conformément au Tableau qui précède, une *annuité* de 5 fr. 65 c. pour 100 francs (1).

Elle se décompose ainsi :

1° Pour intérêt de l'argent. 4 fr. 51 c.
2° Pour l'amortissement dont nous avons indiqué le but..... 0 fr. 543412 (2)
3° Pour frais d'administration 0 fr. 596588

Ensemble.... 5 fr. 65 0/0.

---

(1) Aux termes du Décret du 21 décembre 1853, le *Crédit foncier de France* est autorisé à percevoir une *annuité* qui variera de 5 fr. 45 c. pour cent francs à 5 fr. 95 c. L'abaissement ou l'élévation de cette annuité ont pour base, aux termes du Décret, le cours moyen de la Rente 3 0/0 pendant un laps de temps que le même Décret détermine. Nous ne nous occupons dans cet écrit que du taux intermédiaire de 5 fr. 65 c. pour cent francs que le *Crédit foncier de France* a fixé, quant à présent, pour les prêts d'une durée de 50 années et dans la proportion correspondante pour les prêts de moindre durée.

(2) Pour l'intelligence des calculs qui se trouvent dans ce Chapitre, nous prévenons nos lecteurs qu'à la suite des *centimes* nous avons dû conserver les fractions, qui seules permettent d'arriver à des résultats exacts.

Ce propriétaire paiera donc, pendant cinquante ans, une annuité de 282 fr. 50 c., c'est-à-dire :

Pour l'intérêt...............	225 fr. 50 c.
Pour l'amortissement........	27 fr. 17060
Pour frais d'administration..	29 fr. 82940
Ensemble.....	282 fr. 50000

Au bout des cinquante années, ce propriétaire aura remboursé sa dette ; car les 27 fr. et la fraction de franc qu'il aura payés, chaque année, en dehors de l'intérêt et des frais d'administration, auront été placés et replacés, accrus de leurs intérêts, par les soins de la Société de *Crédit foncier*, et à l'expiration des cinquante années, les 5000 fr. se trouveront reproduits. Il y aura, d'un côté, ce qui est rare aujourd'hui, un *emprunteur* libéré, le propriétaire ; de l'autre côté, un *prêteur* désintéressé, la Société de *Crédit foncier*.

On voit par cet exemple :

Que l'emprunteur paie pour les intérêts et les frais d'administration une somme inférieure à l'intérêt exigé dans les emprunts sur hypothèque ; intérêt qui, nous ne saurions trop le répéter, s'élève, tout compte fait entre les contrées riches et pauvres de la France, à 7 0/0 ;

Qu'il n'a plus à redouter l'échéance fatale à laquelle il devait rendre, en un seul paiement, la somme empruntée et dont il se libère peu à peu ;

Que le propriétaire dont nous parlions ne rend en argent à la Société du *Crédit foncier*, pendant les cinquante années, et pour être applicable au remboursement de sa dette de 5,000 fr., que la somme de. . . . . . . 1,358 fr. 53 c. mais que, la puissance des intérêts accumulés augmentant cette somme de. . . . . 3,641 fr. 47 c. les 5,000 fr. prêtés se trouvent ainsi reproduits à l'expiration des cinquante ans (1).

Or la centralisation, par une Compagnie financière, des intérêts perçus, peut seule permettre l'emploi immédiat et non interrompu des sommes versées.

Si l'on applique à l'exemple que nous venons de citer le calcul que nous avons présenté (pages 13 et 14), on voit que, en empruntant dans les conditions actuelles une somme

---

(1) Ce propriétaire ne rend effectivement en argent au *Crédit foncier* que 1,358 fr. 53 cent., c'est-à-dire le total des 27 fr. et d'une fraction de franc payés annuellement pendant 50 ans.

de 5,000 fr., en renouvelant cet emprunt tous les cinq ans en moyenne, et en remboursant le capital au bout de 50 années, on aurait à payer :

1° Pour 50 ans d'intérêt......	12,500 f.
2° Pour retenues faites sur le capital à titre de différence d'intérêt, au moment du contrat primitif et à chaque renouvellement du contrat........	5,000
3° Pour frais d'actes et de quittances, environ...	1,500
4° Pour le montant du CAPITAL.	5,000
Total.........	24,000 f.

En empruntant la même somme au *Crédit foncier*, on paiera, pour arriver à l'extinction de la dette dans le même délai de 50 ans :

1° Pour frais de contrat......	150 f.
2° Pour 50 annuités de 282 f. 50.	14,125
Total........	14,275 f.
ÉCONOMIE........	9,725 f.

Emprunter de cette manière, c'est réellement, selon le mot heureux d'un personnage éminent, emprunter sans être obligé de rendre.

Si nos lecteurs n'ont pas oublié qu'il est indispensable de consacrer chaque année à *l'amortissement* d'un capital une somme d'autant plus forte, qu'on veut reformer ce capital dans un délai moins long, ils comprendront que la somme destinée à l'amortissement devra figurer pour un chiffre plus ou moins élevé dans l'annuité à payer, selon que le capital devra se trouver reconstitué en 20, 30, 40, 50 années ou en tout autre nombre d'années de 20 à 50 ans.

EXEMPLES.

Un propriétaire emprunte au *Crédit foncier de France* 10,000 francs pour 25 ans; il paie annuellement :
Pour l'intérêt à 4 f. 51 pour 100 f. 451 f.
Pour les frais d'administration.. 59   65 c. 88^m
Pour l'amortissement.......... 220   39   54

Montant de l'annuité... 731 f. 05 c. 42^m

Le même emprunt est fait pour 30 années; l'emprunteur paie annuellement :
Pour l'intérêt, même somme... 451 f.
Pour les frais, même somme... 59 f. 65 c. 88^m
Pour l'amortissement.......... 160   76   49

Montant de l'annuité... 671 f. 42 c. 37^m

Le même emprunt est fait pour 40 ans.
L'emprunteur paie annuellement :
Même somme pour l'intérêt.... 451 f.
Même somme pour les frais.... 59 f. 65 c. 88^m
Et pour l'amortissement....... 91   38   98
                              ─────────────────
                              602 f. 04 c. 86^m

Ainsi le propriétaire consacre annuellement à l'amortissement, c'est-à-dire à la reproduction des 10,000 fr. empruntés :

220 fr. 3954, s'il veut que le capital se reforme en 25 ans ;

Et 91 fr. 3898 seulement, s'il veut que la reproduction de ce même capital n'ait lieu qu'en quarante années.

Nous ne terminerons pas ce Chapitre sans recommander aux propriétaires d'apporter la loyauté la plus grande dans l'exécution des conventions qui interviennent entre eux et la Société du *Crédit foncier*. Il est essentiel qu'ils paient avec l'exactitude la plus rigoureuse, et aux *époques fixées*, les annuités qu'ils doivent acquitter.

Il faut que les emprunteurs, pour jouir des *droits* que leur assure l'Institution du

Crédit foncier, remplissent les *devoirs* qu'elle leur impose.

CHAPITRE V.

DES REMBOURSEMENTS ANTICIPÉS OU DE LA FACULTÉ POUR L'EMPRUNTEUR DE SE LIBÉRER EN TOUT OU EN PARTIE PENDANT LA DURÉE DU PRÊT.

Il peut convenir à un emprunteur de se libérer par avance et d'affecter à cette libération soit les épargnes dont il pourrait disposer, soit les sommes qu'il devrait à une circonstance fortuite, à un héritage, par exemple. Dans ce cas, il profite toujours de la réduction que *l'amortissement* a déjà produit sur le capital de la dette.

Les remboursements anticipés que fait ainsi l'emprunteur peuvent être effectués, à son choix, soit en *numéraire*, soit en *Obligations foncières* (1) de même nature et de

(1) Nous expliquerons au CHAP. VIII : *Des bases de la Société du Crédit foncier*, l'origine de ces *Obligations*.

même année d'émission que les titres créés en représentation de son emprunt.

Si l'emprunteur veut rembourser 10,000 fr. qu'il redoit sur le prêt qui lui a été fait, et si le cours des Obligations, à la Bourse, est inférieur à leur valeur nominale (1,000 fr.), il achètera dix Obligations, qui lui coûteront moins de 1,000 fr. chacune et que le *Crédit foncier* recevra néanmoins au *pair*, c'est-à-dire pour 1,000 fr., prix de leur création. La différence tournera ainsi au profit de l'emprunteur, qui est toujours maître de choisir son temps pour rembourser par anticipation.

Dans le cas, au contraire, où le cours des *Obligations foncières* serait au-dessus du *pair*, c'est-à-dire dépasserait 1,000 fr., alors il remboursera en numéraire ce qu'il reste devoir.

Toutefois ces paiements anticipés donnent lieu, au profit de la Société du *Crédit foncier*, dont les bénéfices se trouvent brusquement interrompus, à une *indemnité* qui s'élève à 3 0/0 du capital remboursé par anticipation et que l'emprunteur ajoute à ce capital.

EXEMPLE.

M. *** a emprunté 40,000 fr. pour 40 années, moyennant une annuité de 2,408 fr. (1).

Au bout de 20 ans, il veut se libérer.

Il redoit sur le capital....	28,371 fr.	95 c. (2)
Pour l'indemnité de 3 0/0 sur 28,371 fr. 95 c.	851	15
Total de la somme à rembourser.	29,223	10

M. *** emprunte, pour 50 ans, 10,000 fr.

Il paiera une annuité de 565 fr. S'il veut se libérer par anticipation, il devra rembourser, *indemnité comprise :*

Au bout de 5 ans.	9,989 fr.	97 c.
Au bout de 10 ans.	9,602	48
Au bout de 20 ans	8,512	93
Au bout de 30 ans	6,811	02
Au bout de 40 ans	4,152	57

La faculté de se libérer ainsi peut s'exer-

---

(1) En réalité, 2,408 fr. 19 c. et une fraction.

(2) La portion des annuités que cet emprunteur a payées depuis 20 ans a éteint, comme on le voit, une portion du capital. Il avait emprunté 40,000 fr.; il ne redoit plus que 28,371 fr. 95 c.

cer pour une partie seulement de la dette.

Cette faculté offre aux emprunteurs un moyen d'alléger leur situation, moyen dont les pères de famille prévoyants ne manqueront pas d'user.

EXEMPLE.

Un homme de 40 ans emprunte 40,000 fr. pour 50 ans, moyennant une *annuité* fixée sur le taux de 5 fr. 65 pour 100 fr. et amenant, comme nous l'avons dit, l'extinction de la dette pendant ce nombre d'années.

Il doit calculer qu'il ne vivra sans doute pas jusqu'à l'expiration d'un contrat que son fils, après lui, devra continuer à exécuter. Que ce père de famille rembourse pendant sa vie, par fractions minimes, une partie de la somme empruntée, il aura réduit l'annuité de 2,260 fr. qu'il s'est engagé à payer, à une annuité de 1,600 fr., de 1,200 fr., à une annuité peut-être encore inférieure ; et, à sa mort, il laissera à son fils une propriété ayant naturellement plus de valeur, puisqu'elle devra moins, et une obligation désormais plus facile à remplir. En cas de vente ou de partage, la Société du *Crédit foncier* consentira sans difficulté la division de la dette non encore amortie.

Le mode de remboursement par anticipation, tel que nous venons de l'indiquer, est applicable aux prêts consentis par la Société du *Crédit foncier de France*, antérieurement au Décret du 21 décembre 1853, moyennant une *annuité* de 5 fr. 45 c. pour 100 fr., amortissant la dette en 50 ans, et proportionnelle à ce taux pour les prêts de moindre durée.

Il résulte de l'ensemble des explications qui précèdent, que la Société du *Crédit foncier* demande aux emprunteurs un intérêt moins élevé qu'il ne l'est ordinairement, et qu'elle leur présente en même temps de grandes facilités pour leur libération anticipée, sans gêner la transmission de la propriété.

Nous allons voir que, sous le rapport des frais du contrat de prêt, les emprunteurs ont encore tout avantage à recourir au *Crédit foncier*.

CHAPITRE VI.

DES FRAIS DU CONTRAT DE PRÊT.

Dans les emprunts sur hypothèque, tels qu'ils ont lieu aujourd'hui, les emprunteurs supportent les frais du contrat. La Société du *Crédit foncier* met également ces frais à la charge de l'emprunteur ; mais le montant de ces frais, alors même que leur taux ne serait pas diminué, se trouverait singulièrement réduit.

En effet, supposons que ces frais soient les mêmes, ni plus ni moins élevés, soit que l'emprunteur traite avec un prêteur ordinaire, soit qu'il contracte avec le *Crédit foncier;* l'exemple suivant prouvera que les *mêmes frais*, si l'emprunteur les paie à la Société du *Crédit foncier*, seront moins onéreux pour lui.

EXEMPLE.

M. *** consent à prêter sur hypothèque à Leroux 3,000 fr. pour cinq ans, durée habituelle de ces sortes de prêts. Leroux paie pour les frais de l'acte de prêt, qui réclame impérieusement la forme notariée, environ 3 0/0 du capital emprunté, soit 90 fr.

Emprunte-t-il, au contraire, ces 3,000 fr. à la Société du *Crédit foncier*, pour 25 ans, par exemple, en supportant les mêmes frais ; il est évident que, pour la même somme dépensée en frais, Leroux obtient, dans ce dernier cas, un avantage très-considérable.

Il paierait, en frais, 90 fr. pour recevoir d'un prêteur ordinaire 3,000 fr., qu'il devrait rembourser au bout de cinq ans, après avoir payé un intérêt élevé.

S'il paie également, en frais, ces 90 fr. pour que la Société du *Crédit foncier* lui fournisse ces 3,000 fr., il éteint sa dette en vingt-cinq ans, terme assigné à la durée du prêt, par le seul paiement, fait avec exactitude, d'une annuité de 219 fr. 31 c.

Mais ce n'est pas tout encore.

Leroux, l'emprunteur, en s'adressant au *Crédit foncier*, ne paiera qu'une fois ces 90 fr. pour le contrat de prêt. Il n'est pas exposé à voir ces frais se renouveler indéfiniment ; tandis que si, au bout de cinq ans, il n'a pu rembourser son créancier, et qu'il soit forcé de trouver un nouveau prêteur pour désintéresser le premier, Leroux paiera, comme la première fois, 90 fr. pour le nouveau contrat de prêt qui lui sera consenti pour cinq autres années. A cette nouvelle échéance, sera-t-il en mesure de se libérer ? Et le même fait pourra se reproduire cinq fois en vingt-cinq années !

Un dernier mot au sujet des frais. On a paru craindre que leur paiement, qui doit avoir lieu immédiatement, *au comptant*, n'imposât, en tout cas, une trop forte charge aux petits propriétaires peu aisés, aux habitants de nos campagnes, et ne les privât des bienfaits que le *Crédit foncier* doit principalement répandre sur les populations agricoles.

Nous ne partageons pas cette crainte. Le cultivateur qui devrait payer 100 fr. pour un contrat de prêt empruntera, en plus, cette somme à la Société du *Crédit foncier*. Ces 100 fr., ainsi applicables aux frais, se trouveront confondus, en réalité, avec le capital qui doit s'éteindre en de longues années.

Il nous reste à faire connaître, pour que cet écrit, justifiant son titre, devienne en réalité le *Guide de l'Emprunteur*, les indications et les renseignements qui doivent se trouver joints à la demande d'emprunt.

CHAPITRE VII.

DES DEMANDES D'EMPRUNTS. — FORMALITÉS.

Le propriétaire peut s'adresser à la Société du *Crédit foncier*, soit qu'il veuille obtenir pour la première fois des capitaux dont il a besoin ; soit qu'ayant à rembourser, dans un certain délai, un emprunt précédemment contracté, il préfère devenir le débiteur de la Société, qu'il remboursera, à longue échéance, en 20, 30, 40 ou 50 années, plutôt que de renouveler un emprunt pour 3, 4 ou 5 ans, dans les conditions ordinaires.

Le propriétaire peut aussi réunir ces deux opérations et faire rembourser par la Société, immédiatement ou à l'échéance, les créanciers déjà inscrits et se procurer, en outre, un capital disponible.

Mais il faut que ce propriétaire sache dès à présent, et pour ne pas être déçu dans ses projets :

Que la Société du *Crédit foncier* ne lui prêtera qu'autant que la propriété sur laquelle il emprunte sera, *et avant tout*, affectée à la garantie de la somme prêtée par la Société, qui, ainsi qu'on l'a dit, aura sur cette propriété une *première hypothèque* ;

Que la Société du *Crédit foncier* ne prête que la moitié de la valeur de la propriété hypothéquée, et que le tiers seulement de la valeur s'il s'agit de propriétés plantées en vignes ou en bois (1) ;

---

(1) Lorsqu'il existe une inscription par suite d'une créance momentanée non remboursable, telle qu'une *rente viagère*, par

Que les bâtiments des usines et fabriques ne sont estimés que comme bâtiments; en d'autres termes, que pour ce qu'ils valent comme constructions, et non en raison de l'industrie à laquelle ils peuvent être consacrés;

Enfin, que le propriétaire ne peut s'engager à payer une *annuité* supérieure au revenu total de sa propriété.

Analysons maintenant les renseignements que la demande d'emprunt (1) doit contenir.

L'emprunteur indiquera ses nom, prénoms, qualité ou profession, et son domicile.

Il indiquera la somme qu'il veut emprunter.

exemple, le *Crédit foncier* pourra prêter à la suite de cette inscription, pourvu que son prêt, joint au montant de l'inscription déjà prise, n'excède pas, suivant la nature de la propriété, la moitié ou le tiers de la valeur.

(1) Les demandes d'emprunt et pièces à l'appui doivent être adressées :

1° Au siége du *Crédit foncier de France*, rue Taitbout, 57 (ci-devant rue des Trois-Frères, 5), à Paris, quand les immeubles sont situés dans le ressort de la Cour impériale de Paris;

2° Aux Directeurs du *Crédit foncier de France*, dans les villes où siégent des Cours impériales, quand les immeubles sont situés dans le ressort de ces Cours.

L'emprunteur indiquera la consistance des biens offerts en garantie, les lieux où ils sont situés ; il désignera sommairement les bâtiments et la contenance superficielle.

Il déclarera la valeur de ces biens.

Il produira à l'appui de sa demande :

1° Un établissement de propriété sur papier libre et les titres de propriété de son immeuble ;

2° La copie certifiée de la matrice cadastrale ;

3° Les baux ou l'état des locations, s'il en existe, avec indication des fermages et loyers payés d'avance ;

4° La déclaration signée par lui des revenus et des charges ;

5° La cote des contributions de l'année courante, ou, à son défaut, celle de la dernière année ;

6° La police d'assurance contre l'incendie ;

7° Un état d'inscription indiquant la situation hypothécaire ;

8° La déclaration de son état civil, s'il est

ou a été marié ou tuteur, et son contrat de mariage.

Nous engageons les emprunteurs à n'omettre aucun des renseignements qui viennent d'être spécifiés, la Société du *Crédit foncier* ne pouvant donner suite à une demande d'emprunt que lorsqu'elle est en possession de tous les documents qui peuvent l'éclairer sur la régularité de la propriété et sur la solidité du gage offert. Nous les engageons encore à ne jamais s'écarter, dans leurs déclarations, de la plus stricte vérité.

La demande d'emprunt ayant été régulièrement formée, il intervient, après vérification des faits, et s'il y a lieu, après estimation de l'immeuble par les Inspecteurs ou Experts du *Crédit foncier de France*, un contrat conditionnel qui ne devient définitif qu'à la suite de l'accomplissement d'une formalité appelée *purge des hypothèques* (1) et pourvu que cette procédure ne révèle l'existence d'aucun obstacle légal.

Toutefois, aux termes d'une loi qui a modifié les Décrets organiques du *Crédit foncier*,

(1) Cette formalité a pour but de faire connaître les hypothèques et privilèges dont un immeuble peut être chargé.

cette formalité de la *purge*, qui était obligatoire pour la Société, est devenue facultative. La Société du *Crédit foncier* pourra s'en dispenser quand, sans s'écarter des règles de la prudence, elle en reconnaîtra l'inutilité. Ainsi on évitera, dans un très-grand nombre de cas, des délais qui retardaient pour l'emprunteur l'entrée en jouissance du capital qui lui est prêté par la Société, et une publicité que redoutent une multitude de propriétaires, jaloux de ne pas appeler l'attention publique sur la situation de leurs affaires.

Des délais indispensables devant néanmoins s'écouler entre la demande d'emprunt et la conclusion définitive du contrat à intervenir, délais que la formalité de la *purge* augmentera, quand elle sera jugée nécessaire, l'emprunteur agira prudemment en formant sa demande trois mois environ avant l'époque où il désirera toucher le montant du prêt.

CHAPITRE VIII.

DES BASES DE LA SOCIÉTÉ DU CRÉDIT FONCIER.

Des Obligations foncières.

§ Ier.

La Société du *Crédit foncier* remplit un double rôle qui consiste à PRÊTER aux uns et à EMPRUNTER aux autres.

Elle prête les capitaux dont elle dispose aux propriétaires emprunteurs qui, en raison des garanties qu'ils lui donnent, lui inspirent confiance et sécurité.

Elle se procure les capitaux dont elle a besoin, en attirant, par les garanties qu'elle offre à son tour, la confiance des personnes qui veulent bien lui prêter l'argent qu'elles ont à placer.

Assistons donc à l'œuvre que la Société du *Crédit foncier* accomplit.

La Société prête à un propriétaire 100,000 f., en échange de l'annuité que celui-ci doit acquitter pendant la durée du prêt. Pour rentrer dans ces 100,000 fr., elle crée cent Obligations de mille francs chacune, qui peuvent être subdivisées en coupures, et qui sont appelées, comme nous avons eu l'occasion de le dire précédemment, *Obligations foncières*, parce qu'elles ont pour répondants le sol, le fonds de la terre. Elle vend ces Obligations à toutes personnes cherchant, les unes à placer des capitaux importants ; d'autres, à faire fructifier de modestes épargnes.

La Société du *Crédit foncier* doit ainsi, de son côté, 100,000 fr. : elle s'engage à payer l'intérêt annuel de ces Obligations et à en rembourser le montant. Elle peut prendre en toute assurance ces deux engagements.

En effet, le propriétaire qui a emprunté les 100,000 fr. paie une annuité dans laquelle l'intérêt figure, suivant le taux aujourd'hui fixé par la Société du *Crédit foncier*, pour 4 fr. 51 c. pour cent francs. La Société touche donc un intérêt qui la met à même de servir celui qu'elle doit aux porteurs de ses Obligations, et cela avec d'autant plus d'exactitude, qu'elle ne paie cet intérêt que trois mois après l'époque où l'emprunteur a payé lui-même son annuité.

Quant au capital des Obligations, la Société le remboursera avec une égale facilité.

On se rappellera que l'annuité payée par l'emprunteur des 100,000 fr. comprend une somme dont le placement, à intérêt composé, doit reproduire le capital emprunté pendant la durée du prêt. La Société du *Crédit foncier* est donc certaine de rembourser les Obligations qu'elle a créées, c'est-à-dire de restituer à ses prêteurs le capital qu'elle en a reçu, dans le même temps que le propriétaire éteindra sa propre dette.

Nature et des droits Obligations foncières.

§ II.

Les Obligations que la Société du *Crédit foncier* émet sont de 1,000 fr., de 500 fr. et de 100 fr.

Elles donnent droit soit à un intérêt fixe de *trois pour cent* par an, et à une *prime* de *vingt pour cent*, au moment du remboursement (1), soit à *quatre pour cent* de revenu, mais avec remboursement au *pair*, c'est-à-dire sans *prime*.

Ces Obligations participent, en outre, à des tirages de *lots* d'une valeur considérable (2).

On voit que ces Obligations présentent, en dehors d'un intérêt fixe de 3 0/0 ou de 4 0/0, la chance des lots de 100,000 fr., de 50,000 fr., lots qui appartiennent en *entier* aux Obligations de 1,000 fr., et se divisent par *moitié* pour les Obligations de 500 fr., et par *dixième* pour les Obligations de 100 fr. (3).

(1) Cette *prime* équivaut à 40 cent., par cent francs, d'intérêt annuel.

(2) 40 millions de lots sont distribués en 50 ans sur un capital de 200 millions.

(3) Les valeurs avec lesquelles on peut comparer les Obligations du *Crédit foncier*, à 4 0/0 d'intérêt, avec chance de *lots*, sont principalement les Obligations de la Ville de Paris et les Obligations du Piémont.

Les Obligations de la Ville de Paris ne rapportent que 4 0/0 au cours actuel ; elles ne participent que tous les *six mois* à des tirages dont le lot le plus considérable est de 50,000 fr. seulement.

Les Obligations du Piémont portent intérêt à 4 0/0. Elles sont cotées environ au prix de 1,000 fr. Ces Obligations ne concourent également que tous les *six mois* à des lots dont le plus élevé ne dépasse pas 50,000 fr.

Or, les Obligations du *Crédit foncier*, jouissant de 4 0/0 de

Enfin, la Société du *Crédit foncier* se propose de créer des Obligations ou *lettres de gage*, portant un intérêt fixe de 4 1/2 0/0, mais ne recevant ni *lots* ni *prime*, c'est-à-dire ne prenant pas part aux tirages *trimestriels* des lots réservés aux deux classes d'Obligations dont nous venons de parler et ne profitant, à l'époque du remboursement, d'aucune augmentation de capital.

Ces dernières Obligations constitueront de véritables titres de rentes foncières et attireront vers elles les capitaux importants (1) qui se placent, chaque année, sur hypothèque malgré les vices du système hypothécaire, tel qu'il se pratique aujourd'hui, malgré l'irrégularité dans le paiement des intérêts et l'incertitude dans la rentrée du capital.

---

revenu, ont en perspective quatre tirages par an, un tous les *trois mois*, et quatre lots principaux de 100,000 fr. chacun. La supériorité de ces Obligations sur des titres analogues est donc incontestable.

Il est à remarquer, en outre, que les Obligations de 500 fr., du *Crédit foncier*, ont la chance de lots de 50,000 fr., tandis que les Obligations de la Ville de Paris et celles du Piémont, qui sont d'un capital double, c'est-à-dire de 1,000 fr., ne peuvent gagner de lots supérieurs à 50,000 fr.

(1) Les placements hypothécaires s'élèvent annuellement, en France, de 500 à 600 millions.

Les *Obligations foncières* que crée la Société du *Crédit foncier*, de quelque nature qu'elles soient d'ailleurs, quels que soient l'intérêt ou les avantages dont elles jouissent, offrent aux capitaux un excellent placement, à l'abri de toute chance de perte.

N'oublions pas :

Que la Société ne prête jamais que sur première hypothèque ;

Que le prêt consenti ne peut excéder la moitié de la valeur de la propriété ;

Que l'intérêt de la Société lui prescrit d'apporter la plus grande vigilance dans l'étude de ses placements ;

Que la Société, enfin, au moyen de la procédure spéciale organisée en sa faveur, est investie de l'autorité nécessaire pour faire remplir, sans long retard, les engagements contractés à son egard.

N'oublions pas, en outre :

Que la Société répond sur son fonds social du paiement régulier des intérêts et du remboursement du capital.

Les Obligations de la Société du *Crédit foncier* de France seront d'autant plus recherchées à titre de placement, qu'elles circuleront facilement, et que celles de ces Obligations qui seront au porteur passeront de main en main comme des billets de banque.

Ceci s'applique principalement aux coupures de 100 fr., qui, par leur division, se prêteront à tous les besoins. Ce seront de véritables *billets à rente*, portant intérêt et ayant droit à des lots multipliés et considérables, en même temps qu'ils pourront être employés dans toutes les transactions.

Le preneur d'une de ces Obligations pourra, s'il a besoin d'argent, s'en défaire, la vendre sans rien perdre. Ces valeurs auront bientôt conquis la confiance publique, parce qu'on saura qu'elles sont représentées par un gage certain, durable, par une portion même du sol, donnée par le propriétaire en garantie de son emprunt, et qui répond des intérêts comme du capital (1).

(1) En Allemagne, les Sociétés de *Crédit foncier* avaient émis à la fin de l'année 1841 des Obligations représentant plus de 540 millions de francs. Quoique ces obligations ne rapportent que 3 fr. 50 c. d'intérêt pour 100 fr., sans aucune chance de lots et avec remboursement au *pair*, elles sont toujours *au-dessus du pair*, c'est-à-dire que l'on donne plus de 100 francs pour avoir droit à un intérêt de 3 fr. 50 c., tant on considère comme solide le gage sur lequel ce placement repose.

Il est, d'ailleurs, important de ne pas perdre de vue que la Société du *Crédit foncier de France* a un capital social considérable, affecté à la garantie de ses engagements et spécialement des intérêts de ses *Obligations foncières;* que l'émission de ce capital, qui devra être porté à 60 millions de francs, et qui s'élève aujourd'hui à 30 millions, doit être maintenue dans la proportion de 5 millions, pour chaque 100 millions d'Obligations créées par la Société; qu'elle a obtenu de l'Etat une subvention de 9 millions 700,000 francs, et que ses Statuts prescrivent la formation d'un fonds de réserve.

En dehors des garanties matérielles que nous venons d'énumérer, la Société du *Crédit foncier de France* présente des garanties morales non moins précieuses; nous voulons parler de la forme même sous laquelle elle s'est constituée, de l'approbation donnée par le Gouvernement à ses Statuts sur l'avis du Conseil d'Etat, des moyens d'investigation mis à sa disposition pour apprécier la valeur des gages offerts en garantie, de la solvabilité reconnue de ses actionnaires, de la haute position sociale de ses Administrateurs, de la publicité que ses opérations reçoivent et de la reddition de ses comptes. Tout concourt, dans l'organisation de la

Société du *Crédit foncier*, à ce que cette Institution, assise sur les meilleures bases, voie venir à elle, et les prêteurs qui lui confieront leur argent, et les emprunteurs désormais protégés par la sagesse de ses combinaisons.

Toutefois, la mission de la Société du *Crédit foncier* ne se bornera pas à venir en aide à des intérêts privés; en diminuant les charges qui pèsent sur la propriété, elle accroîtra encore la richesse publique. C'est ce que nous allons prouver.

CHAPITRE IX.

DE L'EXTINCTION PROGRESSIVE D'UNE PARTIE DES CHARGES DE LA PROPRIÉTÉ.

Nous avons dit précédemment que l'ensemble de la dette contractée en France sur hypothèques pouvait s'élever à 8 milliards de francs.

Nous rappelons également ici, que les emprunteurs paient *l'un dans l'autre*, qu'on veuille bien nous passer cette expression qui rend mieux notre pensée, sept pour cent d'intérêts.

Ainsi, la propriété paie annuellement pour ces intérêts 560 millions.

La contribution que les propriétaires acquittent, à titre d'impôt foncier, s'élève annuellement à 280 millions.

De telle sorte que la terre, que le sol, ont à supporter annuellement une charge de 840 millions.

Intérêts des emprunts faits sur hypothèque. 560,000,000
contribution ou impôt foncier 280,000,000

     Ensemble. . . 840,000,000

Le revenu du sol (produits de la terre et des constructions de toute nature), ce qu'on appelle en un mot le revenu territorial, ne dépasse pas 2 milliards. Les deux charges que nous venons d'indiquer absorbent donc, à elles seules, plus d'un tiers de ce revenu.

« Mais ces deux charges, dont la somme écrase le propriétaire, ne sont pas de même nature. L'Etat ne peut perdre le produit de l'impôt foncier ; il n'en peut rien remettre, l'impôt foncier contribuant à acquitter les dépenses invariables de l'Etat ; mais la dette hypothécaire peut être entamée : de ce côté, du moins, le dégrèvement désiré semble être réalisable (1). »

Il était réservé au *Crédit foncier* d'opérer ce dégrèvement.

Supposons que des propriétaires emprunteurs, au fur et à mesure qu'ils verront approcher l'échéance d'un emprunt qu'ils ne peuvent rembourser, s'adressent à la Société du *Crédit foncier*, pour désintéresser leurs anciens prêteurs ; supposons que la Société se substitue progressivement à ces prêteurs pour une somme de 2 milliards seulement sur les 8 milliards prêtés : les intérêts qui pèsent sur la propriété se trouvent annuellement diminués de toute la différence entre l'intérêt à 7 0/0, représentant 140 millions, que les débiteurs de ces 2 milliards paient aujourd'hui, et le taux inférieur de l'*annuité* (de 5 fr. 45 à 5 fr. 95 pour cent (2),

(1) M. F. de Villefosse, *Études sur le Crédit foncier*.

(2) Le taux de l'annuité n'est, quant à présent, que de 5 fr. 65 c. 0/0 pour les prêts d'une durée de 50 années. Voir p. 29, à la note 1.

que le *Crédit foncier* ferait payer à ces débiteurs.

Et encore cette *annuité* ne serait que temporaire; et, en outre, comme dans le système du *Crédit foncier* le paiement de l'annuité éteint l'emprunt : 2 milliards, formant le quart de la dette qui existe maintenant, seraient, dans un temps donné, remboursés en capital et en intérêts ! On peut donc dire avec raison que cette extinction d'une partie des charges qui pèsent en France sur la propriété équivaudrait à un accroissement de la fortune publique.

Mais pourquoi ne pas étendre plus loin de telles espérances ? Pourquoi ne pas croire que la plupart des propriétaires grevés d'hypothèques s'empresseront de profiter du mode de libération que leur offre le *Crédit foncier de France*, et que la majeure partie de la dette hypothécaire, *consolidée* d'abord, s'éteindra successivement par l'action de l'amortissement ?

En résumé :

Rendre à l'avenir les emprunts sur hypothèque moins onéreux, et assurer aux emprunteurs les moyens certains de se libérer par le paiement d'annuités à longs termes :

Débarrasser nos propriétaires du fardeau de leur dette, ou, du moins, en alléger le poids ;

Fournir à bon marché aux détenteurs de la terre des capitaux qui leur permettent de féconder le sol par d'incessantes améliorations ;

Arracher les populations agricoles, si dignes d'intérêt, à l'usure qui les épuise et les dévore :

Telle est la mission du *Crédit foncier;* tels sont les bienfaits que la Société du *Crédit foncier de France* réalisera pour notre pays.

FIN.

TABLE DES MATIÈRES.

                                                                Pages.

AU LECTEUR 5
CHAP. Ier. Définitions 7
CHAP. II. A quelles conditions on emprunte aujourd'hui sur hypothèque. . 12
CHAP. III. Situation de l'emprunteur s'adressant au *Crédit foncier*. . 22
CHAP. IV. Du mode d'après lequel on emprunte au *Crédit foncier de France*. 26
              Tableau des *annuités*. 28
CHAP. V. Des remboursements anticipés ou de la faculté pour l'emprunteur de se libérer en tout ou partie pendant la durée du prêt 35
CHAP. VI. Des frais du contrat de prêt. . . 39
CHAP. VII. Des demandes d'emprunt. — Formalités. 42
CHAP. VI'I. Des bases de la Société du *Crédit foncier*. — Des *Obligations foncières*. 48
              Nature des *Obligations foncières* 50
CHAP. IX. De l'extinction progressive d'une partie des charges de la propriété 56

PARIS. — IMPRIMERIE CENTRALE DE NAPOLÉON CHAIX ET Ce,
RUE BERGÈRE, 20.

IMP. CENTRALE DES CHEMINS DE FER DE NAPOLÉON CHAIX ET C°
RUE BERGÈRE, 20.

BIBLIOTHEQUE NATIONALE DE FRANCE

3 7531 03333484 9

www.ingramcontent.com/pod-product-compliance
Lightning Source LLC
Chambersburg PA
CBHW050013230526
45470CB00003B/951